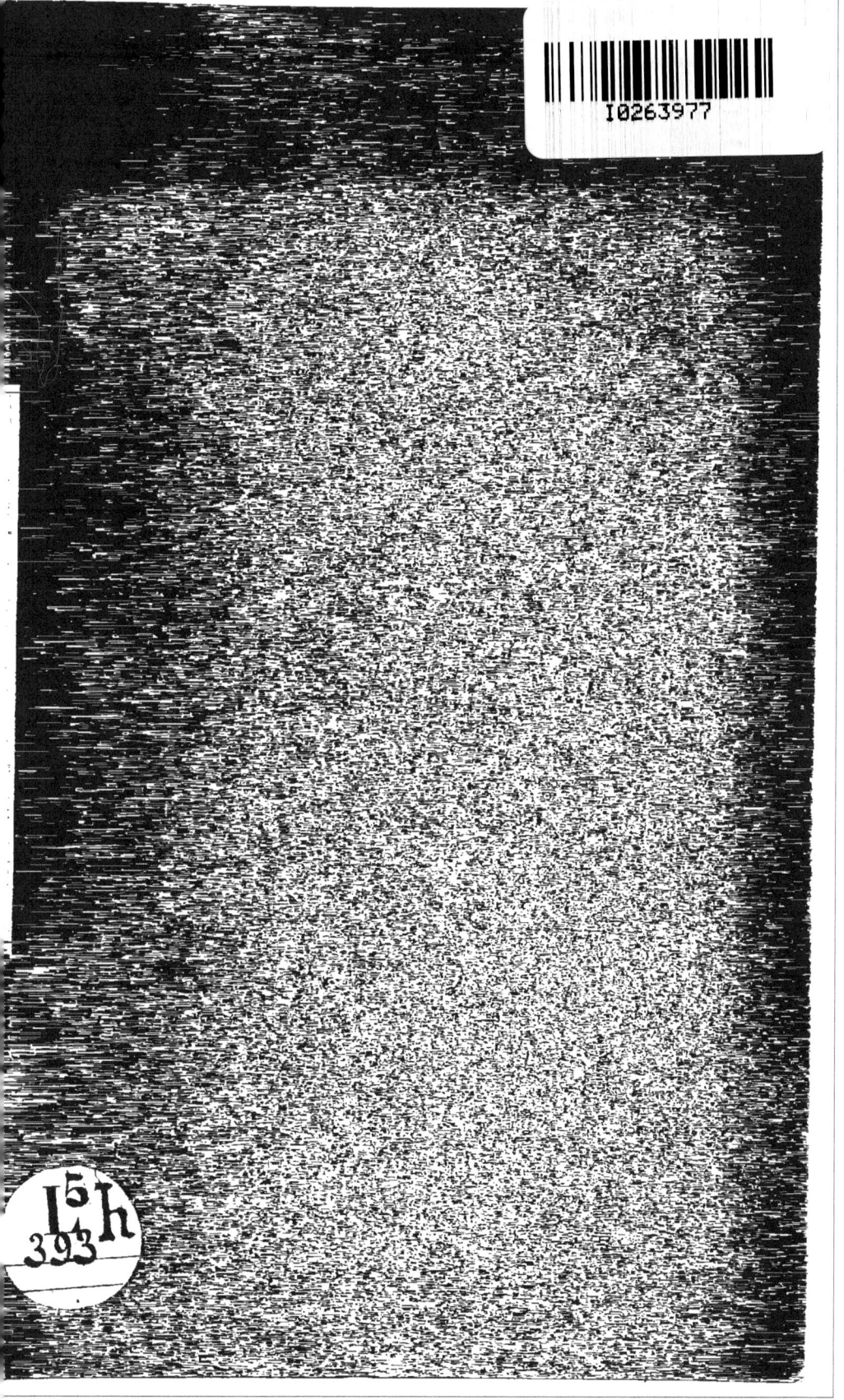

LES
GROTTES
DU DAHARA

RÉCIT HISTORIQUE

PAR

Un ancien Capitaine de Zouaves.

PRIX : **50** CENTIMES

PARIS
M. BLOT, LIBRAIRIE MILITAIRE
58, rue de Rivoli, 58

1864

LES
GROTTES
DU DAHARA

RÉCIT HISTORIQUE

PAR

Un ancien Capitaine de Zouaves.

PARIS

M. BLOT, LIBRAIRIE MILITAIRE
58, rue de Rivoli, 58

1864

AVANT-PROPOS

La tombe n'était pas encore fermée sur S. E. M. le Maréchal duc de Malakoff, que les journaux s'emparaient de sa mémoire.

L'immense majorité a rendu hommage au grand homme dont la France pleure la perte ; mais ce concert d'éloges et de regrets a été troublé par quelques voix discordantes. On a raconté sur l'illustre défunt des contes à faire pitié ; il s'est même trouvé un journaliste assez malheureux pour insulter à ce grand nom en dénaturant des faits dont les témoins sont là debout pour les raconter dans toute leur vérité. C'est un de ceux-ci, vieil officier de zouaves, qui nous a fourni les quelques pages suivantes que nous livrons au public. Elles font partie d'un ouvrage de longue haleine écrit en 1858, sur des notes prises journellement au bivouac, de 1835 à 1853. Le témoignage de ce vieux soldat est d'autant plus précieux que son ouvrage ne verra sans doute jamais le jour, bien qu'il soit ce qu'il y a de plus précieux sur cette matière, son auteur étant trop inconnu pour trouver un éditeur et trop pauvre pour se faire imprimer à ses frais.

Comme l'affaire des grottes du Dahara est celle qui excita, à cette époque la plus vive émotion, nous avons jugé opportun d'en faire précéder le récit par celui de l'expédition du général Cavaignac dans les mêmes contrées. En présence d'une pareille identité de faits, on se demandera d'où put provenir une si grande différence dans l'appréciation qui en fut faite alors, et les gens sensés, partageant les sentiments de l'auteur des *Souvenirs d'un Zouave,* jugeront cette cause comme il l'a fait lui-même et adopteront ses conclusions.

LES GROTTES DU DAHARA

RÉCIT HISTORIQUE

. . . .

. . . .

1843

Le colonel Cavaignac, resté seul dans son commandement d'Orléansville, eut à réprimer plusieurs révoltes dans sa subdivision.

C'est surtout contre les Sbéah qu'il eut à sévir pour des raisons qu'il est bon de donner ici, parce qu'elles expliquent et justifient un événement postérieur qui fut le sujet d'attaques aussi violentes qu'irréfléchies de la part de la presse contre le maréchal Pélissier.

Les Sbéah, que nous avions soumis au mois de mai, n'avaient cédé qu'en partie à l'ascendant de nos armes ; quelques fractions s'y étaient soustraites et avaient continué leurs hostilités, non seulement contre nos troupes, mais encore contre nos alliés. Ces fractions insoumises trouvaient leur impunité dans les grottes vastes, profondes, nombreuses, d'un accès excessivement difficile, qui existent dans leurs montagnes. Surprises quelquefois dans les vallées, elles demandaient l'aman, puis, la nuit venue, elles s'échappaient, se renfermaient dans leurs refuges imprenables, et ne cessaient de nous harceler que lorsque nous avions quitté leur territoire. Dix fois déjà pareille chose était arrivée, lorsque le colonel Cavaignac dut encore marcher contre eux, résolu d'en finir avec un ennemi sans foi comme sans pitié. Prévenus de notre marche, les Sbéah abandonnèrent le pays plat, et nous les trouvâmes renfermés dans leurs grottes. Le colonel les fit bloquer, et quelque irrité qu'il fût contre eux, il les fit sommer de se rendre, leur offrant les meilleures conditions ; mais nos parlementaires furent reçus à coups de fusil. Depuis vingt-quatre heures nous étions autour de ces repaires, et le colonel n'avait pas encore choisi son moyen d'attaque, lorsque nous aperçûmes un drapeau blanc à l'extrémité d'une grotte. Tout le monde se félicitait de voir ainsi flotter ce signe de soumission, lorsque M. Jouvencourt, capitaine au 5e bataillon de chasseurs à pied, demanda au colonel la permission d'aller parlementer avec l'ennemi. M. Cavaignac, avec sa longue expérience des Arabes, hésita longtemps, refusa même cette permission, mais M. Jouvencourt y mit tant d'insistance que notre chef finit par céder et le laissa gravir les rochers qui conduisent aux grottes, accompagné d'un sergent de zouaves et de trois ou quatre soldats. Le capitaine s'avança, plein de confiance, et atteignit bientôt l'entrée des grottes. Tous nos regards étaient tournés vers lui, lorsque soudain, à la place du drapeau blanc, s'élève un nuage de fumée; nous entendons plusieurs détonation, et nous voyons le malheureux Jouvencourt et ses compagnons tomber frappés de plusieurs balles et rouler sur les rochers. A ce spectacle, un cri d'indignation et de douleur s'échappe de toutes nos bouches, le colonel est dans un état inexprimable et donne l'ordre d'agir contre les assassins.

Aussitôt on coupe des branches d'arbres et des broussailles, on en fait des fagots qu'on descend au moyen de cordes, devant l'entrée des grottes, et on y met le feu.

La fumée pénètre dans ces cavernes ; quelques instants après nous entendods des cris de désespoir. Un petit nombre d'Arabes s'élancent au dehors des grottes à travers les fagots enflammés et demandent grâce. L'assassinat du brave et généreux Jouvencourt était tout récent, les cadavres de nos camarades étaient là sous nos yeux, le colonel aurait pu se montrer impitoyable, et cependant il empêcha de tirer sur ces misérables et fit éteindre le foyer de l'incendie. La population enfermée dans les grottes en sortit, à l'exception d'une cinquantaine d'individus asphyxiés, et le colonel lui accorda l'aman qu'elle sollicitait. Elle promit par mille serments de cesser ses brigandages; mais nous verrons plus tard comme elle tint sa parole.

. . . .
. . . .

1845

Abd-el Kader voyant le Tell bien gardé, rétrograda et rentra dans le Maroc avec quelques cavaliers fidèles, le reste l'ayant labandonné. On se croyait encore une fois en pleine sécurité, orsqu'une insurrection nouvelle éclata dans le Dahara, pays difficile qui devait être pendant longtemps le théâtre des événements les plus étranges. Le fauteur de cette insurrection était le célèbre Bou-Maza.

Il faudrait un volume pour raconter l'histoire de Bou-Maza, et pour que ce volume eût des chances de succès, on devrait l'écrire mieux que ne l'a fait le commandant Richard, ce qui est impossible.

Je me bornerai donc à donner le résumé des faits qui marquèrent cette époque de nos guerres, pour ne pas rompre le fil chronologique de mes souvenirs.

Si-Mohammed, connu plus généralement sous le nom de Bou-Maza (le Père de la Chèvre), descend d'une tribu de marabouts marocains. Dès son enfance il se crut destiné à de grandes choses, et se prépara par une vie toute ascétique à l'avenir qui lui était prédit. Enfin, lorsqu'il eut 23 ans, il fit son apparition sur le théâtre de la guerre, après avoir reçu d'un des chefs de la secte religieuse de Mouleï-Abd-el-Kader, ces paroles sacramentelles qui lui donnaient tous les pouvoirs spirituels et temporels : « Va! Dieu est avec toi, tu es le maître de l'heure! »

Le premier fruit de ses prédications fut l'échauffourée de Sidi-Bel-Abbès et le massacre des cinquante-huit fanatiques sur lesquels il avait prononcé une formule qui devait les rendre invisibles aux chrétiens.

Mais ce n'étaient pas les seuls malheureux que Bou-Maza devait entraîner à leur perte : il eut bientôt soulevé tout le Dahara, avec cette facilité que ne peuvent comprendre ceux qui ne savent pas la profonde ignorance des Arabes et la crédulité qui en est la conséquence naturelle.

Le colonel Saint-Arnaud, qui avait remplacé M. Cavaignac à Orléansville, marcha contre Bou-Maza et le battit chez les Ouled-Youmès, théâtre de ses premières prédications. Le commandant Canrobert s'y porta également de Ténez et le général Bourjolly de Mostaganem. Il n'y eut là que quelques rencontres insignifiantes, mais l'une d'entre elles fut marquée par une de ces atrocités qu'on ne saurait trop mettre sous les yeux des arabophiles quand même. Deux de nos soldats ayant été pris par les Kabyles, furent conduits sur un rocher, à notre vue, et brûlés vifs par nos féroces ennemis.

Les représailles ne se firent pas attendre : quelques jours après quinze Arabes tombaient entre nos mains, et nos hommes exaspérés les fusillaient sur place.

Mais cette leçon devait être perdue pour les Arabes; on ne ramène pas à des sentiments humains une race qui en est si éloignée, et bientôt nous eûmes à frémir d'un nouveau crime plus affreux encore, si c'est possible :

En se portant de Ténez chez les Ouled-Younès, le commandant Canrobert avait dû dégarnir un petit camp nommé le *Camp des Gorges*, et n'y laisser qu'un faible peloton d'infanterie pour la garde du matériel et du blokaus. Pendant que ces quelques hommes sont occupés à des travaux d'intérieur, notre caïd des Beni-Henni, ligué secrètement avec Bou-Maza, pénètre dans le camp qu'on ne gardait naturellement pas contre lui et y met le feu. Nos soldats n'ont que le temps de se jeter dans le blokaus, d'où ils dirigent une fusillade nourrie sur les Arabes, qui se retirent devant cette énergique résistance. Mais ces barbares avaient pris la fille d'un cantinier, pauvre enfant de 12 à 14 ans, et ils l'égorgèrent froidement, sous les yeux de nos soldats et de sa malheureuse mère.

Le lendemain, les Arabes reviennent attaquer cette douzaine de jeunes soldats et sont repoussés honteusement. De là ils vont à Orléansville et essaient d'enlever un convoi escorté par environ quatre cents hommes. Cette tentative est encore inutile et n'a d'autres résultats que l'assassinat de quelques soldats dont la fatigue avait ralenti la marche. Le colonel Saint-Arnaud quitta le Dahara à la nouvelle de ces événements, poursuivit les Kabyles jusque dans leurs montagnes et les força à demander l'aman.

Dans ce même temps Bou-Maza, battu à Aïn-Méra et n'osant plus rentrer dans le Dahara, occupé par nos troupes, se mit à prêcher la guerre sainte aux tribus du Chéliff, et bientôt il les entraîna sur ses pas. Le 28 avril il tenta un coup-de-main sur Orléansville qu'il croyait dégarni, mais, dans la nuit qui précéda son attaque, un bataillon du 64e y était arrivé, envoyé par le gouverneur-général, qui signalait déjà son retour en Algérie. Bou-Maza fut repoussé et chassé dans les montagnes, sans que cependant il perdît rien de son influence sur ces populations, stupides à force d'être crédules.

Le maréchal se mit lui-même en campagne, dirigeant les opérations des généraux Bourjolly et Reveu, ainsi que celles des colonels Saint-Arnaud et Lamirault. Bou-Maza ne put pas se maintenir dans la vallée du Chéliff, et, passant par l'intervalle de nos colonnes, il retourna chez les Ouled-Younès. Au même instant, le colonel Saint-Arnaud y arrivait lui-même de son côté, et le *maître de l'heure*, battu et traqué comme une bête fauve, s'enfuit dans l'Ouarensenis.

Cette fuite ne se fit pas sans de nouveaux revers pour lui :

attaqué par notre kalifat Sidi-Laribi, poursuivi par l'agha des Sendjès, qui faillit le prendre, il arriva presque seul dans les montagnes, où il se cacha si bien, que de quelque temps nous ne sumes pas ce qu'il était devenu. Le maréchal rentra alors à Alger, laissant au colonel Pélissier et à MM. Reveu et Saint-Arnaud le soin de désarmer les tribus du Dahara. Ces trois commandants de colonne devaient, tout en exécutant leur mission, se diriger sur les Ouled-Riah, où ils se rencontreraient à jour fixe.

Le territoire de cette tribu forme comme un labyrinthe coupé de mille façons par des rochers, des montagnes, des précipices au milieu desquels se trouvent des grottes semblables à celles de Sbéah, mais d'un accès plus difficile encore. Ces grottes règnent dans deux montagnes en quelque sorte isolées du système général, et unies entre elles par un massif de rochers qu'on nomme El Kantara (le pont).

Te 17 juin, le colonel Pélissier arrivé le premier sur les lieux se présenta devant El-Kantara, où les Ouled-Riah s'étaient déjà renfermés, suivant leur habitude. Le colonel ne pouvait pas songer à enlever ces grottes de vive force, il y aurait perdu tout son monde sans pouvoir parvenir à leurs étroites ouvertures; il les fit bloquer en même temps que, par ses parlementaires, il engageait les Ouled-Riah à se soumettre, leur offrant les meilleures conditions. Nos envoyés furent reçus à coups de fusil, et, dès lors, il nous fallait ou agir par des moyens rigoureux, ou se résoudre à un blocus dont les effets pouvaient se faire attendre fort longtemps, les Ouled-Riah étant largement approvisionnés de vivres et d'eau; de plus, on s'exposait par là à compromettre le succès des plans du général en chef.

Le colonel Pélissier prit le premier de ces deux moyens (on peut dire qu'en l'adoptant il n'eut pas à choisir, la nécessité le lui commandait). Les grottes furent serrées de plus près et les Ouled-Riah avertis qu'ils seraient brûlés dans leurs retraites s'ils n'acceptaient pas les conditions qu'on leur offrait. Le colonel espérait que cette menace faite avec éclat et la vue des préparatifs exécutés ostensiblement produiraient un effet salutaire sur les Kabyles, mais il se trompa : fiers de l'impunité que leurs grottes leur avait assurée, ils ne répondirent que par des insultes et des coups de feu à nos exhortations et à nos préparatifs. Enfin, quelques fagots de broussailles furent descendus devant l'entrée des grottes : « Rendez-vous! criait-on aux Kabyles, » rendez-vous où vous allez être enfumés! » Pas de réponse et toujours des coups de fusil. Le nombre de fagots fut augmenté et on y mit le feu en se tenant prêts à l'éteindre au premier signal de soumission; rien ne bougea à l'entrée des grottes, et cependant l'intérieur était plein de trouble, de confusion, de luttes à main armée. Quelques-uns des Ouled-Riah voulaient se soumettre, tandis que les fanatiques les en empêchaient par la force. Un Kabyle parvint à s'échapper et arriva jusqu'à nous; le colonel lui promit la vie pour tout le monde, mais sans autre condition; les Arabes refusèrent de se rendre, et les plus fanatiques tirèrent sur ceux d'entre eux qui cherchèrent à sortir des grottes. En même temps le feu allait en grandissant; bientôt il pénétra dans les flancs de la montagne et prit aux bagages. L'incendie se propagea dans l'intérieur avec une effrayante rapidité; des cris, des hurlements mêlés de détonations se firent entendre, et lorsque le feu s'étant éteint l'on put pénétrer dans les grottes, on y trouva cinq cents cadavres d'hommes, de femmes et d'enfants. Le colonel organisa de prompts secours pour ceux qui survivaient encore au nombre de 150 à 200, et la plus grande partie de ces malheureux furent rendus à la vie.

Tel est dans toute sa vérité et sa simplicité ce fait des grottes du Dahara, qui a défrayé pendant si longtemps la haine d'un certain parti, la rhétorique des journalistes et la sensiblerie de quelques bons bourgeois.

Il y eut un déchaînement général contre le colonel, les épithètes les plus dures lui furent prodiguées par la presse parisienne. Qu'on ne s'y trompe pas, cependant, c'était moins M. Pélissier que celle ci avait en vue que le maréchal Bugeaud, rendu responsable des actes de son chef d'état-major, et acceptant cette responsabilité avec toute la loyauté qui le caractérisait. L'opposition parlementaire trouvait là une arme toute nouvelle contre cet ennemi qu'elle voulait abattre malgré ses services éminents et peut-être à cause de ses services.

Le journalisme satisfaisait sa vieille rancune et se vengeait des mépris injustes du maréchal; les dandys et les petites maîtresses s'émouvaient à ces récits où la pompe théâtrale n'était pas ménagée, et le brave colonel Pélissier, ainsi que nous tous, ses soldats et ses compagnons, nous n'étions plus que des bêtes féroces se nourrissant de chair et de sang arabe.

Il ne fallait pas parler aux premiers des intérêts généraux que cette affaire des grottes avait peut-être sauvés, ils ne vous auraient peut-être pas compris; il ne fallait pas rappeler aux autres les atrocités commises par ces hommes féroces morts victimes de leur fanatisme et de leur haine pour nous. Que leur importait ce jeune et brave Jouvencourt, traîtreusement assassiné en accomplissant un acte d'humanité, et ces soldats brûlés vivants, et cette petite fille froidement égorgée aux gorges de Ténez, et tant d'autres faits non moins sauvages?

Est-ce que tous ces malheureux étaient aussi intéressants que les Arabes? Est-ce que le sang des soldats français était aussi précieux que celui des brutes de la kabylie? On ne voulait pas se dire que ces choses ne doivent pas se juger les pieds dans les pantoufles, devant un bon feu ou assis devant une table luxueuse, mais qu'il fallait être aux prises avec les événements pour pouvoir les apprécier sainement ; on ne nous tenait compte ni de nos travaux ni de nos souffrances ; on ne voulait pas faire au colonel la part des exigences de sa position. « Qui ne sait, disent » les annales algériennes, que la guerre a de cruelles néces- » sités ? est-ce pour rien qu'on l'appelle le fléau de l'humanité? » Mais, si la morale en a toujours gémi, si même elle a imposé » quelques restrictions à ses lois, qui oserait dire que le colonel » les a violées ? »

Les cruautés nombreuses et inouies des Ouled-Riah n'étaient pas faites pour disposer les cœurs à la générosité, et cependant il est certain que jamais le colonel Pélissier n'en serait venu à une semblable extrémité, s'il n'y avait été forcé par les circonstances et, on peut le dire, par nos ennemis eux-mêmes.

Il s'est placé trop haut depuis cette époque pour que l'ignorance ou la haine puissent l'atteindre ; mais si le Maréchal duc de Malakoff est plus élevé que le colonel chef d'état-major, l'homme de 1858 n'est pas autre que celui de 1845, et ceux qui, comme moi, l'ont suivi depuis le commencement de notre conquête d'Afrique, savent tout ce qu'il cache de générosité sous des dehors graves, sévères, et brusques même si l'on veut.

. . . .
. . . .

1851

Malgré ses défaites, Bou-Baghla s'était maintenu dans le Djurjurah ; une colonne d'observation fut envoyée le 28 octobre à Dra-el-Mizan, sous les ordres du général Cuny. Cette colonne devait contenir les Guechtoula et quelques autres tribus de ces montagnes. Mais l'insurrection se propageant, M. Pélissier, Gouverneur-général par intérim, crut devoir aller se mettre lui-même à la tête de ses troupes.

La colonne qu'il conduisait passa par le pont des Benhini. Elle eut à souffrir du temps qui fut horrible. Tous les torrents avaient tellement grossi qu'elle perdit 6 hommes en traversant l'Oued-Kreub.

Le 2 novembre, Bou-Baghla attaqua le camp du Gouverneur ; chargé vigoureusement par une trentaine de gendarmes, chasseurs et spahis que commandait le capitaine Jouve, il fut ramené à deux lieues du camp, tandis que le colonel Bourbaki jetait tout ce qu'il avait devant lui dans les ravins et mettait le feu aux villages. Ce même soir, le Gouverneur fut rejoint par le général Cuny, dont la marche avait été retardée par le mauvais temps et la résistance des Kabyles.

Le 3 au matin, M. le Gouverneur-général, ayant tout son monde sous sa main, laissa 5 bataillons au camp, et, en prenant 6 autres avec 3 escadrons et une section de montagne, se porta sur le village de Tizilt-Mahmoud que le 1er bataillon de zouaves et le goum emportèrent sans coup férir. Immédiatement 4 bataillons furent dirigés en avant sur une longue crête, avec ordre de pousser jusqu'aux pentes de l'Oued des Beni-Aïssi, tandis que les deux autres et un escadron partaient pour refouler dans la plaine tout ce qui paraîtrait devant eux. Ces habiles mouvements furent exécutés avec vigueur, et vingt-neuf villages furent incendiés.

On eut à signaler ce jour-là la belle conduite d'une compagnie de zouaves qui, fortement engagée en évacuant un village, se fit beaucoup d'honneur par un retour offensif et par la manière dont elle revint.

Dans ces divers combats du 3, nous avions eu 2 tués et 24 blessés, parmi lesquels M. Pernot, des zouaves. De son côté, le général Cuny portait la dévastation chez les Mautkas, terrifiés du châtiment qui était venu les atteindre.

Quand à Bou-Baghla, on l'aperçut un instant, mais loin du combat.

Le Gouverneur se porta ensuite chez les Guechtoula pour hâter par sa présence le dénouement qu'il poursuivait, de sorte que les tribus, épouvantées des coups qui venaient de les frapper, parlaient de se soumettre tandis que, de son côté, Bou-Baghla les excitait à la guerre. Comme cependant son influence ne pouvait plus se faire sentir directement, toutes les fractions de cette tribu vinrent payer l'impôt, excepté les Béni-Koufi, dont le pays s'étend jusqu'aux derniers sommets du Djurjurah. Les Béni-Koufi se croyaient à l'abri de nos coups parce qu'ils s'étaient réfugiés dans trois villages considérables, situés au delà d'un ravin impraticable. Le Gouverneur ayant fait porter des obusiers sur les crêtes, les couvrit d'obus et de balles tirées par les grosses carabines à tige de l'artillerie, et les villages furent incendiés.

La colonne se porta ensuite vers les Flissas. Ceux-ci qui avaient vu du haut de leurs montagnes l'incendie qui venait de détruire les villages ennemis, s'empressèrent de venir acquitter les conditions de la paix, et cette affaire de la kabylie, qui se présentait sous de sombres couleurs, se trouva terminée d'une manière heureuse, grâce à la manière dont M. le général Pélissier sut mener cette guerre et à la constance dont les troupes firent preuve dans des circonstances excessivement difficiles.

. . . .
. . . .

1852

Chacun sait que Laghouat reconnaissait notre domination depuis l'époque où il fut visité, pour la première fois, par le général Marey. Rien de bien sérieux n'était venu troubler cet état de choses lorsque le chérif d'Ouergla tourna ses vues sur cette ville, s'y créa un parti et tenta de s'en emparer.

Le général Yusuf, qui se trouvait alors à Djelfa, se hâta d'accourir au secours de Laghouat menacé, et son approche décida la retraite de Ben Abdallah qui, du reste, s'était vu fermer les portes de la ville par le parti qui lui était hostile.

Le général, entré dans Laghouat au milieu des acclamations, s'attacha à éteindre les dissensions qui le divisaient et à réorganiser le pays.

Le chérif, après sa mésaventure, s'était dirigé vers le Djebel-Amour, rasant les tribus qu'il pouvait surprendre par la rapidité de sa marche; mais il échoua encore au point capital de son entreprise par suite de la fermeté du chef du Djebel-Amour et par la nouvelle que nos troupes s'avançaient à marches forcées. Le chérif s'en fut alors dans le sud de la province d'Alger et se rapprocha de Laghouat. Cette ville n'avait pas joui longtemps de la tranquillité que le général Yusuf lui avait apportée; les divisions profondes qui troublaient ce pays, comprimées un instant par la présence de nos troupes, s'étaient réveillées avec une nouvelle ardeur après leur départ, et les représentants de notre autorité avaient été chassés de la ville.

A la nouvelle de ces désordres, le Gouverneur-général prit

toutes les mesures nécessaires pour faire rentrer dans le devoir ce point important du désert.

Le général Yusuf quitta de nouveau Djelfa pour se porter au sud, en même temps que deux colonnes se dirigeaient de Frenda et de Saïda vers El-Abiod.

M. le général Pélissier recevait du Gouverneur-général l'ordre de prendre la haute direction des opérations qu'on allait entreprendre dans le but de rétablir notre autorité à Laghouat et d'atteindre, si c'était possible, le chérif d'Ouerghla.

Le 19 novembre, après une série de marches habiles et rapides, le général Yusuf tomba sur le camp du chérif établi à El-Keig, lui tua 200 hommes et lui prit 2,000 chameaux et 20,000 moutons.

Mais l'agitateur du sud échappa à ce brillant coup de main et se jeta dans Laghouat, qui se déclara complétement contre nous. Il excita si bien le fanatisme des habitants, que tous jurèrent de défendre leur ville jusqu'à la dernière extrémité.

Lorsque le général Yusuf, qui s'était mis à la poursuite du chérif, arriva devant Laghouat, son avant-garde fut reçue à coups de fusil par les habitants répandu dans les jardins. Un combat s'engagea aussitôt, dans lequel nous eûmes 5 tués et 12 blessés.

Le général Yusuf n'était pas homme à commettre les fautes qui nous avaient coûté si cher à Zaatcha ; jugeant avec raison qu'il n'avait assez de monde, ni pour enlever la place de vive force, ni pour l'investir complétement, il s'établit fortement dans une bonne position et attendit le général Pélissier, qu'il avait prévenu de ce qui se passait.

A la nouvelle de cette résistance inattendue, le général Pélissier quitta El-Abiod et se dirigea sur Laghouat, tandis que le Gouverneur-général se portait lui-même à Boghar pour être prêt à se rendre, de là, sur le théâtre de la guerre.

Arrivé à Laghouat, le général Pélissier se trouva à la tête de 8 bataillons, 8 escadrons, 4 obusiers de montagne et 2 de campagne. Il était facile de prévoir que ces forces placées dans des mains si vigoureuses et si intelligentes devaient bientôt venir à bout de l'insurrection.

Arrivé le 1er décembre, le général reconnaissait la place le 3, et faisait enlever un marabout dont la possession était des plus importantes. Un combat brillant et acharné était livré sur ce point qui restait en notre pouvoir malgré les pertes que nous avions faites, et parmi lesquelles il fallait compter celle du capitaine de zouaves Bessières, officier d'un grand avenir et d'une bravoure remarquable.

Dans la nuit du 3 au 4, l'artillerie fut mise en batterie et ouvrit la brêche. Le 4, à la pointe du jour, les généraux Bouscarens d'un côté, et Yusuf de l'autre, guidaient leurs colonnes à l'assaut des remparts. Ce furent les mêmes scènes, les mêmes traits de courage, les mêmes dangers qu'à Zaatcha, et, comme Zaatcha, Laghoua succombait après un combat de remparts, de rues et de maisons. A midi le drapeau du 2ᵉ zouaves flottait sur la casbah de la ville.

Nos pertes furent sensibles, moins encore par le nombre des braves qui tombèrent dans cette lutte que par leur position et les qualités qui les distinguaient. En première ligne nous devons citer le brave général Bouscarens, vieilli dans les camps d'Afrique, connu, apprécié et aimé de toute l'armée. Quand il fut rapporté blessé à son bivouac, les troupes prirent spontanément les armes et les lui présentèrent !... « Vive le général ! » crièrent les soldats ; « Non pas, mes amis, mais vive la France ! » répondit le noble blessé. Une balle lui ayant brisé la cuisse, l'amputation fut jugée nécessaire. Il en reçut la nouvelle avec un calme et une résignation admirables : « Que la volonté de Dieu soit faite ! » dit-il simplement. Le général succomba après l'opération. A cette grande perte il faut ajouter celle du commandant Morand, héritier d'une des plus nobles gloires de la France et qui portait si dignement cet héritage ; le brillant Bessières, dont j'ai déjà parlé ; le jeune et charmant Frantz, et le maréchal-des-logis d'artillerie Millet, frappé sur son obusier à la batterie de brèche. Le général consacra leurs noms dans un ordre du jour où son cœur se montra tout entier. Il voulut en outre que les restes de ces braves fussent ensevelis sur cette brèche même dont ils avaient payé la conquête de leur sang.

C'est ainsi que l'armée d'Afrique inaugurait l'Empire et l'annonçait au désert.

En même temps que le général s'avançait vers Laghouat, il prévoyait que les tribus sahariennes ne manqueraient pas de se retirer à son approche sur l'Oued-M'za, où se trouvait campé le restant des populations. En conséquence, il dirigea sur ce point notre agha Si Hamza à la tête de 700 cavaliers et 500 fantassins. Après une longue marche à travers le désert Si Hamza tomba sur l'ennemi et le rasa complétement, le jour même où Laghouat tombait en notre pouvoir.

Quand au chérif, il échappa comme par miracle à la destruction de ses partisans. Blessé de deux coups de feu et laissé pour mort, il fut recueilli par les gens d'un de ses adhérents qui l'enlevèrent sur un brancard fait de quatre fusils, parvinrent à le faire sortir de l'enceinte des palmiers à la faveur de la nuit, et le transportèrent dans un douar du M'zab.

Dans la nuit qui suivit l'assaut, plus de 400 hommes qui étaient parvenus à se cacher dans les jardins, vinrent déposer leurs armes. Plus heureux qu'à Zaatcha, nos soldats purent en outre sauver la vie à plus de 1,200 femmes et enfants.

Depuis cette époque, nous avons toujours tenu garnison à Laghouat, à qui sa position géographique assure un avenir commercial qui en fera un jour une des villes les plus importantes de l'Algérie.

Les années qui ont suivi 1852 ont recueilli les fruits des travaux des dix-huit ans que je viens de raconter. De jour en jour la paix s'est raffermie, et aujourd'hui l'époque des grandes expéditions est passée. Chaque année a vu cependant quelques courses exécutées par nos colonnes, mais toujours en s'éloignant de plus en plus du Tell.

Un seul grand fait militaire domine cette époque, c'est la glorieuse campagne à la suite de laquelle M. le maréchal Randon soumit pour toujours la Kabylie et réalisa le rêve de son illustre prédécesseur, le maréchal Bugeaud.

Les Arabes, vaincus par la force de nos armes, apprécieront de jour en jour davantage les bienfaits de notre domination paternelle, et si quelquefois de folles idées d'insurrection venaient à traverser leur esprit, le nom seul du maréchal qui gouverne l'Algérie, M. le maréchal Pélissier, suffirait pour les contenir dans le devoir.

A. B.

POST-FACE.

Les événements qui se passent aujourd'hui en Algérie semblent donner un démenti à cette prédiction de l'auteur des *Souvenirs d'un Zouave*; mais, en les considérant avec attention, on ne peut y voir que l'effet de cette ignorance des Arabes signalée dans ces quelques pages, ignorance exploitée par des chefs auxquels nous avons retiré, pour cause sans doute, des emplois auxquels ils tenaient beaucoup.

Du reste, cette échauffourée n'aura d'autre résultat que de raffermir les populations du Tell dans l'obéissance et de prouver aux nomades sahariens que la France a le bras assez puissant pour les frapper même dans les solitudes du désert.

Paris. — Impr. Turfin et Ad. Juvet, 9, cour des Miracles.

Paris. — Impr. Turfin et Ad. Juvet, 9, cour des Miracles.

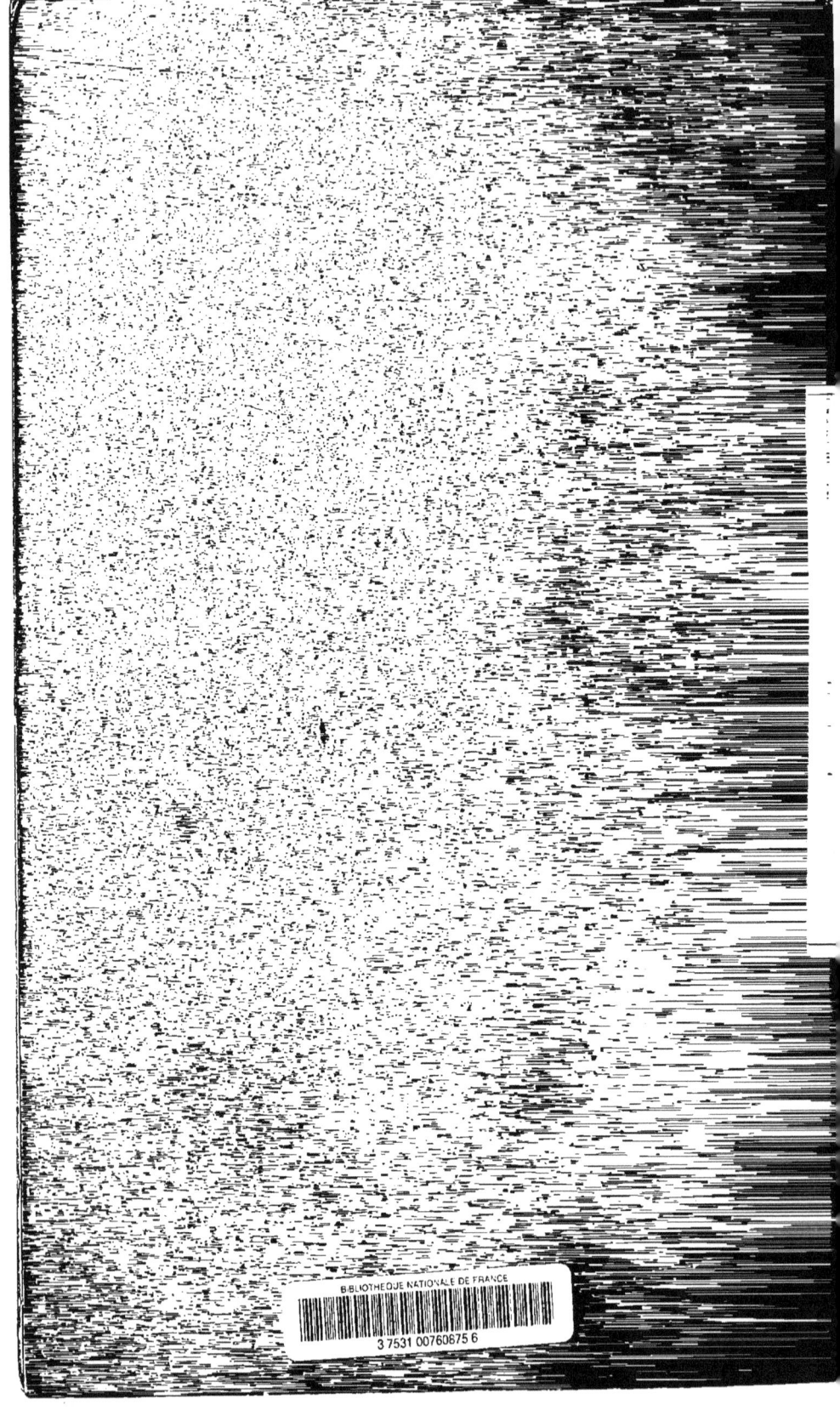